Impressum
Verlag: BABADADA GmbH, Nedderfeld 112 , 22529 Hamburg
Geschäftsführer / Verlagsleitung: Harald Hof
Druck: Books on Demand GmbH, In de Tarpen 42, 22848 Norderstedt

Imprint
Publisher: BABADADA GmbH, Nedderfeld 112 , 22529 Hamburg, Germany
Managing Director / Publishing direction: Harald Hof
Print: Books on Demand GmbH, In de Tarpen 42, 22848 Norderstedt

l'école
škola

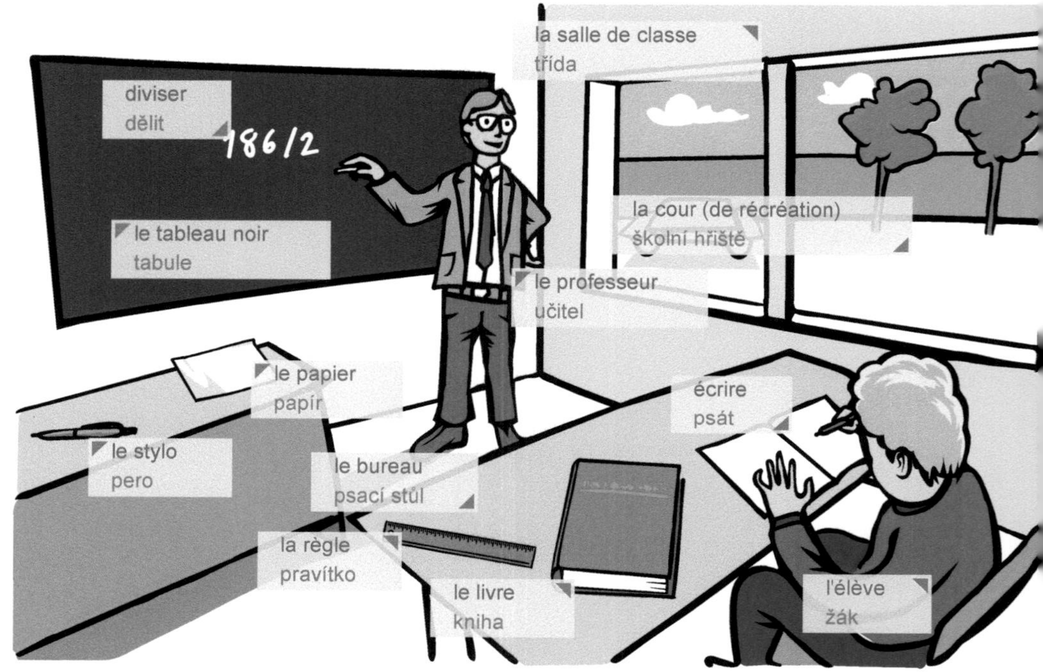
la salle de classe
třída
diviser
dělit
186/2
le tableau noir
tabule
la cour (de récréation)
školní hřiště
le professeur
učitel
le papier
papír
écrire
psát
le stylo
pero
le bureau
psací stůl
la règle
pravítko
le livre
kniha
l'élève
žák

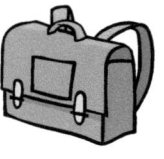

le cartable
aktovka

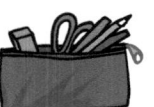

la trousse
penál

le crayon
tužka

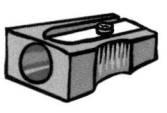

le taille-crayon
ořezávátko

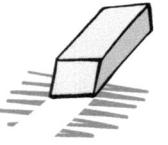

la gomme
guma

le carnet à dessin
blok na kreslení

le dessin

výkres

le pinceau

štětec

la boîte de peinture

malířské potřeby

les ciseaux

nůžky

la colle

lepidlo

le cahier d'exercices

cvičebnice

les devoirs

domácí úkol

le chiffre

počet

additionner

sčítat

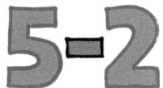

soustraire

odčítat

multiplier

násobit

calculer

počítat

la lettre

písmeno

l'alphabet

abeceda

le mot

slovo

le texte

text

lire

číst

la craie

křída

la leçon

hodina

le livre de classe

třídní kniha

l'examen

zkouška

le certificat

vysvědčení

l'uniforme scolaire

školní uniforma

la formation

vzdělání

le lexique

encyklopedie

l'université

univerzita

le microscope

mikroskop

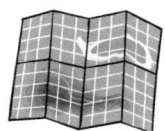

la carte

karta

la corbeille à papier

odpadkový koš na papír

le voyage
cesta

l'hôtel
hotel
Grand
l'auberge
ubytovna
ROOMS
le bureau de change
směnárna
la valise
kufr
la voiture
auto

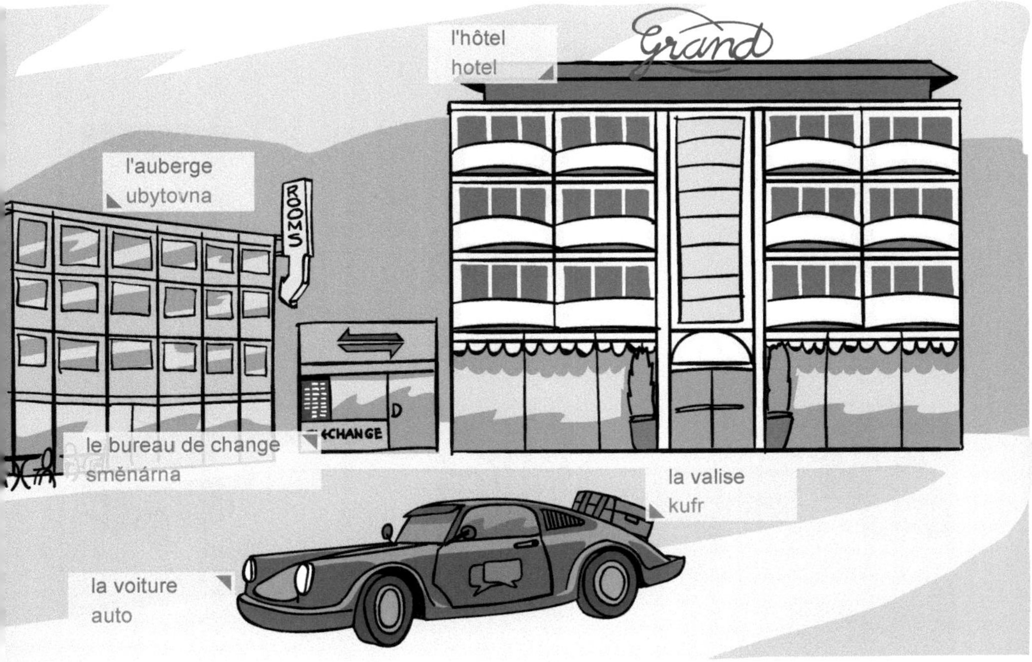

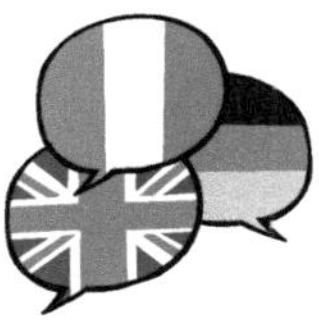

la langue
jazyk

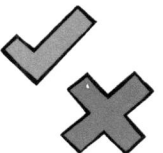

oui / non
ano / ne

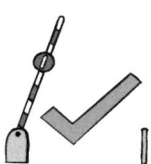

d'accord
oukej

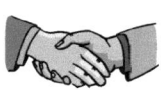

Salut
Ahoj!

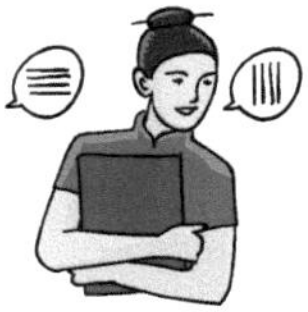

l'interprète
překladatel

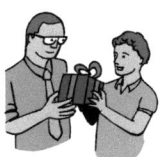

merci
děkuji

Combien coûte...?

Kolik stojí...?

Je ne comprends pas

nerozumím

le problème

problém

Bonsoir !

Dobrý večer!

Bonjour !

Dobré ráno!

Bonne nuit !

Dobrou noc!

Au revoir

na shledanou

la direction

směr

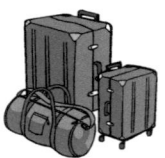

les bagages

zavazadlo

le sac

taška

le sac-à-dos

batoh

l'hôte

host

la pièce

pokoj

le sac de couchage

spací pytel

la tente

stan

l'office de tourisme

turistické informace

la plage

pláž

la carte de crédit

kreditní karta

le petit-déjeuner

snídaně

le déjeuner

oběd

le dîner

večeře

le billet

jízdenka

l'ascenseur

výtah

le timbre

poštovní známka

la frontière

hranice

la douane

clo

l'ambassade

poselství

le visa

vízum

le passeport

pas

le transport

transport

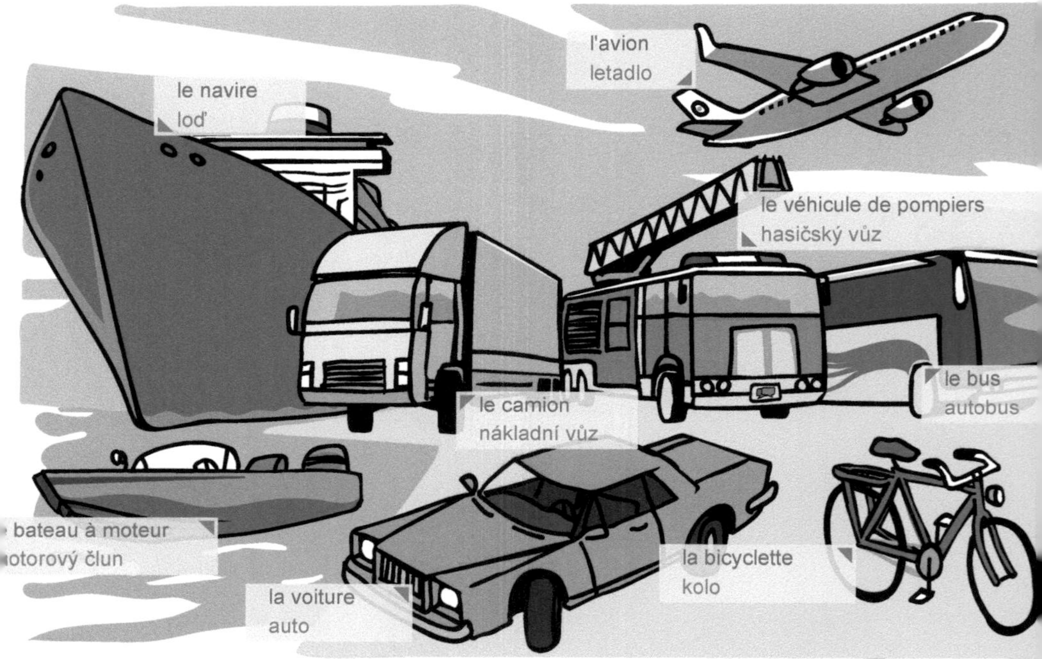

l'avion
letadlo
le navire
loď
le véhicule de pompiers
hasičský vůz
le bus
autobus
le camion
nákladní vůz
bateau à moteur
otorový člun
la bicyclette
kolo
la voiture
auto

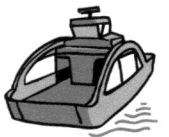

le ferry

přívoz

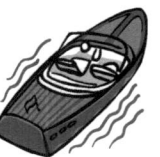

la barque

člun

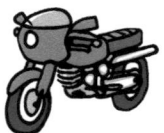

la moto

motorka

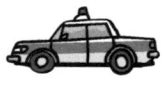

la voiture de police

policejní auto

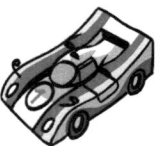

la voiture de course

závodní auto

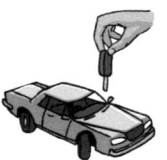

la voiture de location

pronajaté auto

l'auto-partage

sdílení aut

la voiture de remorquage

odtahová služba

la benne à ordures

popelářský vůz

le moteur

motor

l'essence

palivo

la station d'essence

čerpací stanice

e panneau indicateur

dopravní značka

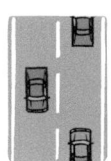

le trafic

doprava

l'embouteillage

dopravní zácpa

le parking

parkoviště

la gare

vlakové nádraží

les rails

koleje

le train

vlak

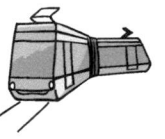

le tramway

tramvaj

le wagon

vagón

le transport - transport

l'hélicoptère

helikoptéra

l'aéroport

letiště

la tour

věž

le passager

pasažér

le conteneur

kontejner

le carton

kartón

le chariot

trakař

la corbeille

koš

décoller / atterrir

vzlétnout / přistát

la ville
město

le village

vesnice

le centre-ville

střed města

la maison

dům

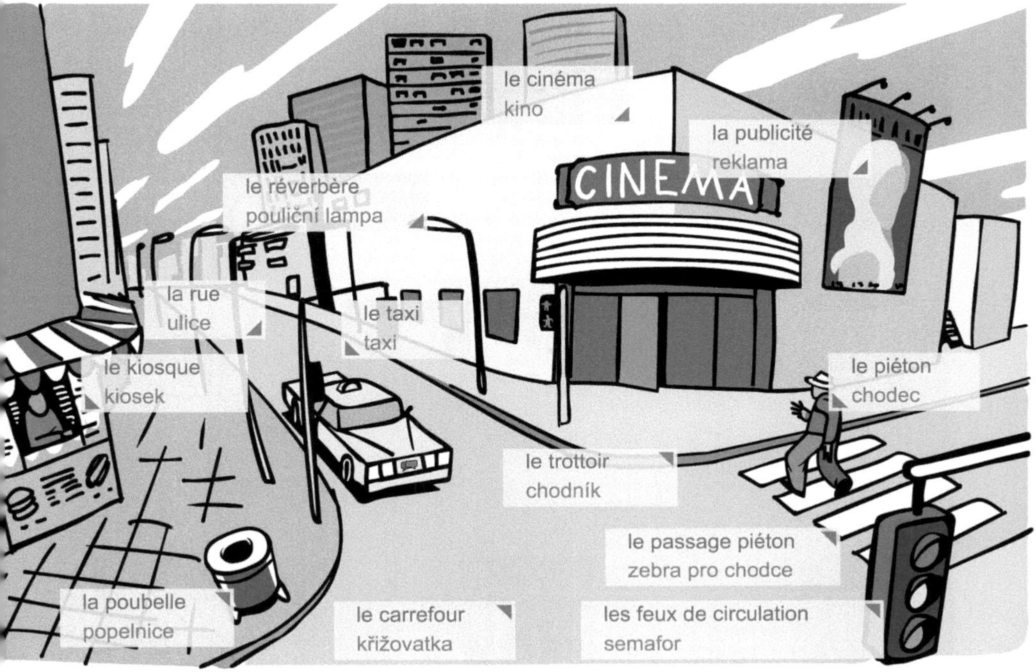

le cinéma
kino

la publicité
reklama

le réverbère
pouliční lampa

la rue
ulice

le taxi
taxi

le kiosque
kiosek

le piéton
chodec

CINEMA

le trottoir
chodník

le passage piéton
zebra pro chodce

la poubelle
popelnice

le carrefour
křižovatka

les feux de circulation
semafor

la cabane

chata

l'appartement

byt

la gare

vlakové nádraží

la mairie

radnice

le musée

muzeum

l'école

škola

la ville - město

11

l'université

univerzita

la banque

banka

l'hôpital

nemocnice

l'hôtel

hotel

la pharmacie

lékárna

le bureau

kancelář

la librairie

knihkupectví

le magasin

obchod

le fleuriste

květinářství

le supermarché

supermarket

le marché

tržnice

le grand magasin

obchodní dům

la poissonnerie

rybárna

le centre commercial

nákupní centrum

le port

přístav

la ville - město

le parc

park

la banque

lavička

le pont

most

les escaliers

schody

le métro

metro

le tunnel

tunel

l'arrêt de bus

autobusová zastávka

le bar

bar

le restaurant

restaurace

la boîte à lettres

poštovní schránka

le panneau indicateur

pouliční tabule

le parcmètre

parkovací hodiny

le zoo

zoo

le réverbère

plovárna

la mosquée

mešita

la ferme
....
usedlost

la pollution
....
znečišťování životního
prostředí

la cimetière
....
hřbitov

l'église
....
církev

l'aire de jeux
....
hřiště

le temple
....
chrám

le paysage
krajina

la feuille
list

le panneau indicateur
rozcestník

le chemin
cesta

le pré
louka

la pierre
kámen

l'arbre
strom

le randonneur
turista

la rivière
řeka

l'herbe
tráva

la fleur
květina

la vallée
údolí

la montagne
hora

le lac
jezero

la forêt
les

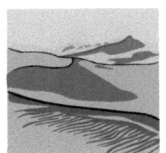

le désert
poušť

le volcan
sopka

le château
zámek

l'arc-en-ciel
duha

le champignon
houba

le palmier
palma

le moustique
komár

la mouche
moucha

les fourmis
mravenec

l'abeille
včela

l'araignée
pavouk

le coléoptère

brouk

la grenouille

žába

l'écureuil

veverka

le hérisson

ježek

le lièvre

zajíc

la chouette

sova

l'oiseau

pták

le cygne

labuť

le sanglier

divoké prase

le cerf

jelen

l'élan

los

le barrage

přehrada

l'éolienne

větrné kolo

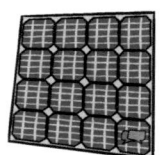

le panneau solaire

solární panel

le climat

podnebí

le restaurant
restaurace

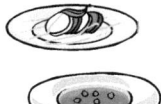

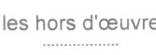

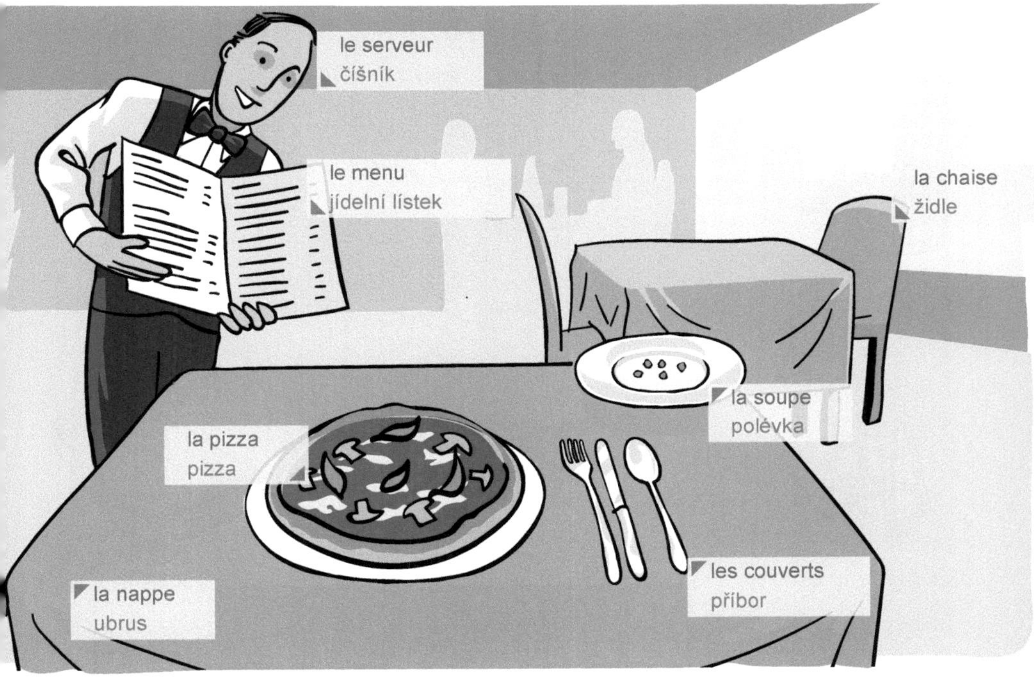
le serveur
číšník
le menu
jídelní lístek
la chaise
židle
la soupe
polévka
la pizza
pizza
les couverts
příbor
la nappe
ubrus

les hors d'œuvre
předkrm

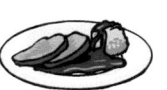

le plat principal
hlavní chod

le dessert
dezert

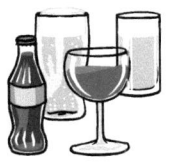

les boissons
nápoje

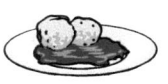

l'alimentation
jídlo

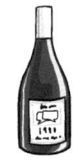

la bouteille
láhev

le fast-food

rychlé občerstvení

les plats à emporter

pouliční občerstvení

la théière

čajová konvice

le sucrier

cukřenka

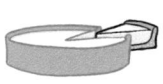

la portion

porce

la machine à expresso

kávovar na espresso

la chaise haute

dětská stolička

la facture

faktura

le plateau

tác

le couteau

nůž

la fourchette

vidlička

la cuillère

lžíce

la cuillère à thé

čajová lžička

la serviette

ubrousek

le verre

sklenička

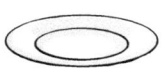

l'assiette

talíř

l'assiette à soupe

talíř na polévku

la soucoupe

podšálek

la sauce

omáčka

la salière

slánka

le moulin à poivre

mlýnek na pepř

le vinaigre

ocet

l'huile

olej

les épices

koření

le ketchup

kečup

la moutarde

hořčice

la mayonnaise

majonéza

le supermarché
supermarket

l'offre promotionnelle
nabídka
le client
zákazník
les produits laitiers
mléčné výrobky
les fruits
ovoce
le chariot
nákupní vozík

BUTCHERS

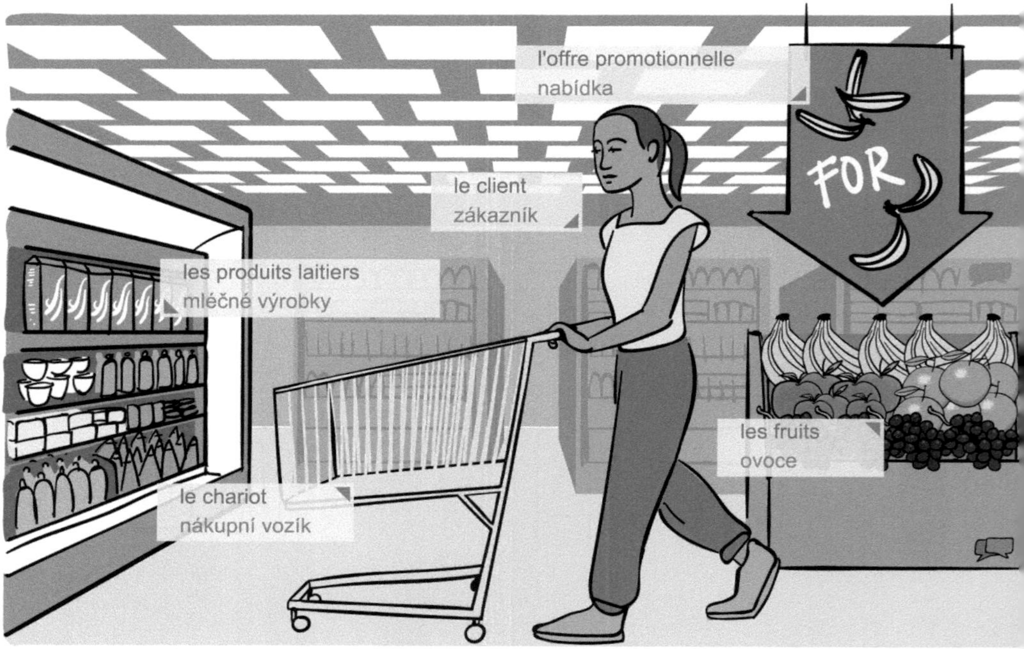

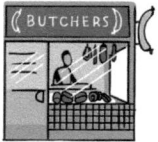

la boucherie

masna

BAKERY

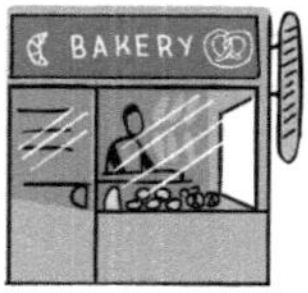

la boulangerie

pekařství

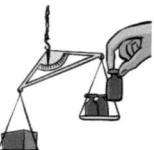

peser

vážit

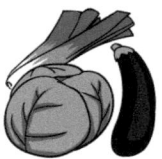

les légumes

zelenina

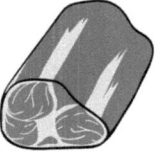

la viande

maso

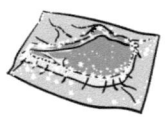

les aliments surgelés

mražené potraviny

la charcuterie

obložený talíř

les conserves

konzervy

la poudre à lessive

prací prášek

les bonbons

cukrovinky

les articles ménagers

výrobky pro domácnost

les détergents

čisticí prostředek

la vendeuse

prodavačka

la caisse

pokladna

le caissier

pokladní

la liste d'achats

nákupní seznam

les heures d'ouverture

otevírací doba

le portefeuille

peněženka

la carte de crédit

kreditní karta

le sac

taška

le sac en plastique

igelitová taška

l'eau

voda

le jus de fruit

džus

le lait

mléko

le coca

kola

le vin

víno

la bière

pivo

l'alcool

alkohol

le chocolat chaud

kakao

le thé

čaj

le café

káva

l'expresso

espresso

le cappuccino

kapučíno

la banane

banán

la pomme

jablko

l'orange

pomeranč

le melon

meloun

le citron.

citrón

la carotte

mrkev

l'ail

česnek

le bambou

bambus

l'oignon

cibule

le champignon

houba

les noisettes

ořechy

les pâtes

těstoviny

les spaghetti

špageti

le riz

rýže

la salade

salát

les pommes frites

hranolky

les pommes de terre rôties

americké brambory

la pizza

pizza

le hamburger

hamburger

le sandwich

sendvič

l'escalope

řízek

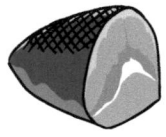

le jambon

šunka

le salami

salám

la saucisse

salám

le poulet

kuře

le rôti

pečeně

le poisson

ryby

les flocons d'avoine

ovesné vločky

le muesli

müsli

les cornflakes

vločky

la farine

mouka

le croissant

croissant

les petits-pains

houska

le pain

chléb

le pain grillé

toast

les biscuits

sušenky

le beurre

máslo

le fromage blanc

tvaroh

le gâteau

buchta

l'œuf

vejce

l'œuf au plat

volské oko

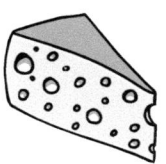

le fromage

sýr

la glace

zmrzlina

le sucre

cukr

le miel

med

la confiture

marmeláda

la crème nougat

nugátový krém

le curry

kari

la ferme
usedlost

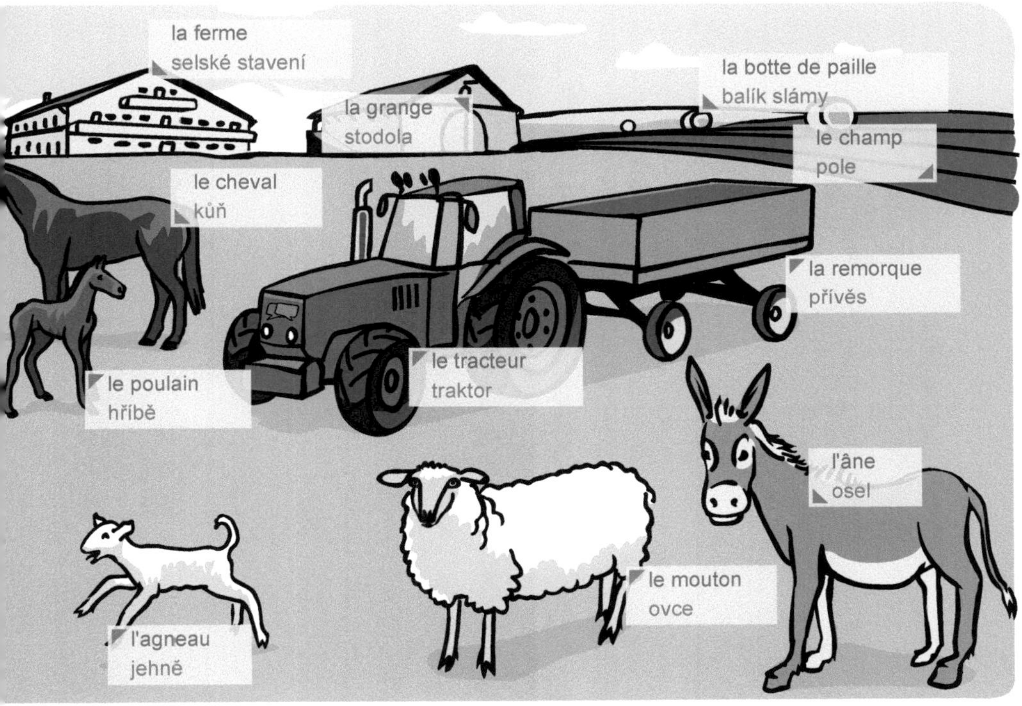
la ferme
selské stavení
la grange
stodola
la botte de paille
balík slámy
le champ
pole
le cheval
kůň
la remorque
přívěs
le poulain
hříbě
le tracteur
traktor
l'âne
osel
le mouton
ovce
l'agneau
jehně

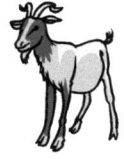

la chèvre

koza

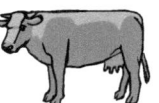

la vache

kráva

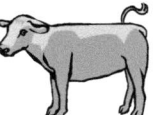

le veau

tele

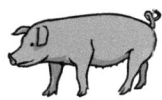

le porc

prase

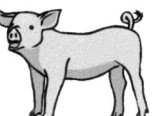

le porcelet

sele

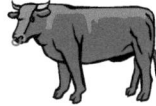

le taureau

býk

l'oie

husa

le canard

kachna

le poussin

kuře

la poule

slepice

le coq

kohout

le rat

krysa

le chat

kočka

la souris

myš

le bœuf

vůl

le chien

pes

le chenil

psí bouda

le tuyau de jardin

zahradní hadice

l'arrosoir

kropicí konev

la faucheuse

kosa

la charrue

pluh

la faucille

srp

la pioche

motyka

la fourche

vidle

la hache

sekera

la brouette

kolecko

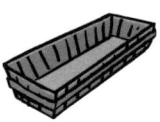

la cuve

koryto

le pot à lait

konev na mléko

le sac

pytel

la clôture

plot

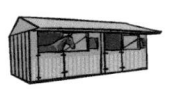

l'étable

stáj

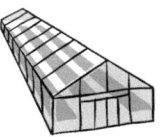

le serre

skleník

le sol

půda

les semences

osivo

l'engrais

hnojivo

la moissonneuse-batteuse

kombajn

récolter

sklidit

la récolte

sklizeň

l'igname

smldinec

le blé

pšenice

le soja

sója

la pomme de terre

brambora

le maïs

kukuřice

le colza

řepka

l'arbre fruitier

ovocný strom

le manioc

maniok

les céréales

obilí

la maison
dům

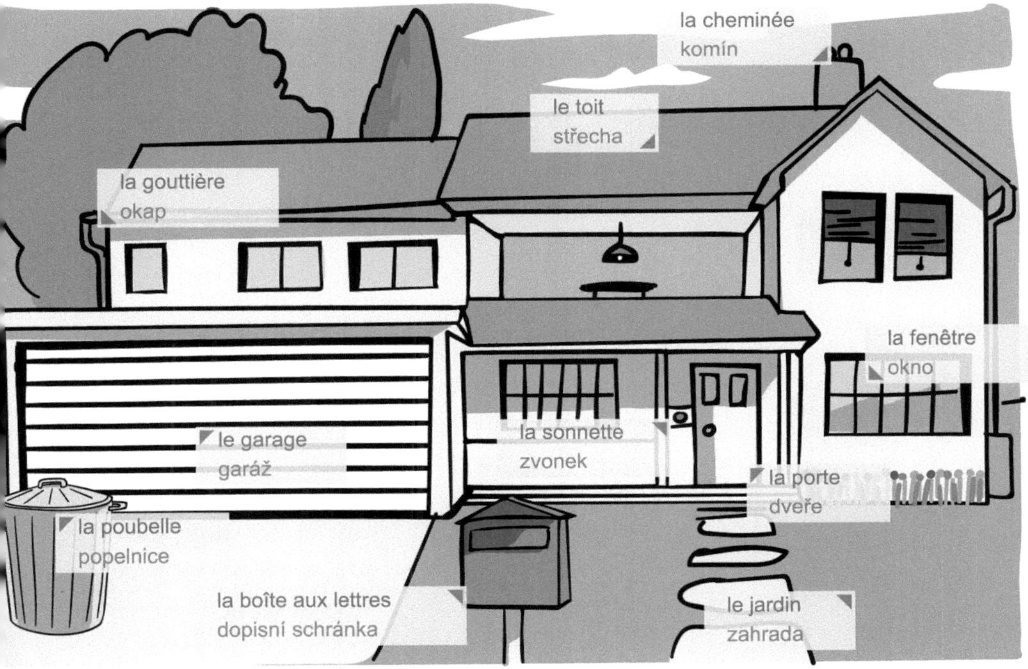
la cheminée
komín
le toit
střecha
la gouttière
okap
la fenêtre
okno
le garage
garáž
la sonnette
zvonek
la porte
dveře
la poubelle
popelnice
la boîte aux lettres
dopisní schránka
le jardin
zahrada

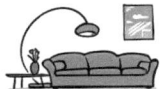

le salon

obývací pokoj

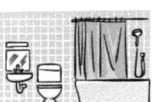

la salle de bain

koupelna

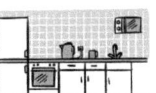

la cuisine

kuchyně

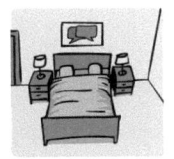

a chambre à coucher

ložnice

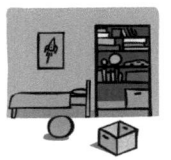

la chambre d'enfant

dětský pokoj

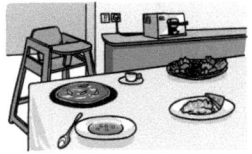

la salle à manger

jídelna

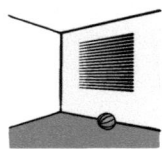

le sol

podlaha

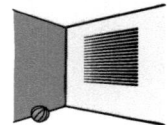

le mur

zeď

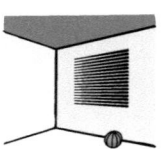

le plafond

deka

la cave

sklep

le sauna

sauna

le balcon

balkón

la terrasse

terasa

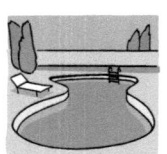

la piscine

bazén

la tondeuse à gazon

sekačka na trávu

la housse

ložní prádlo

la couette

lůžková přikrývka

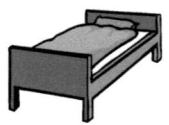

le lit

postel

le balai

smeták

le sceau

kýbl

l'interrupteur

vypínač

le salon
obývací pokoj

le papier peint
tapeta
l'image
obrázek
la lampe
žárovka
l'étagère
police
l'armoire
skříň
la télé
televizor
la cheminée
komín
la fleur
květina
le coussin
polštář
le sofa
gauč
le vase
váza
la télécommande
dálkový ovladač

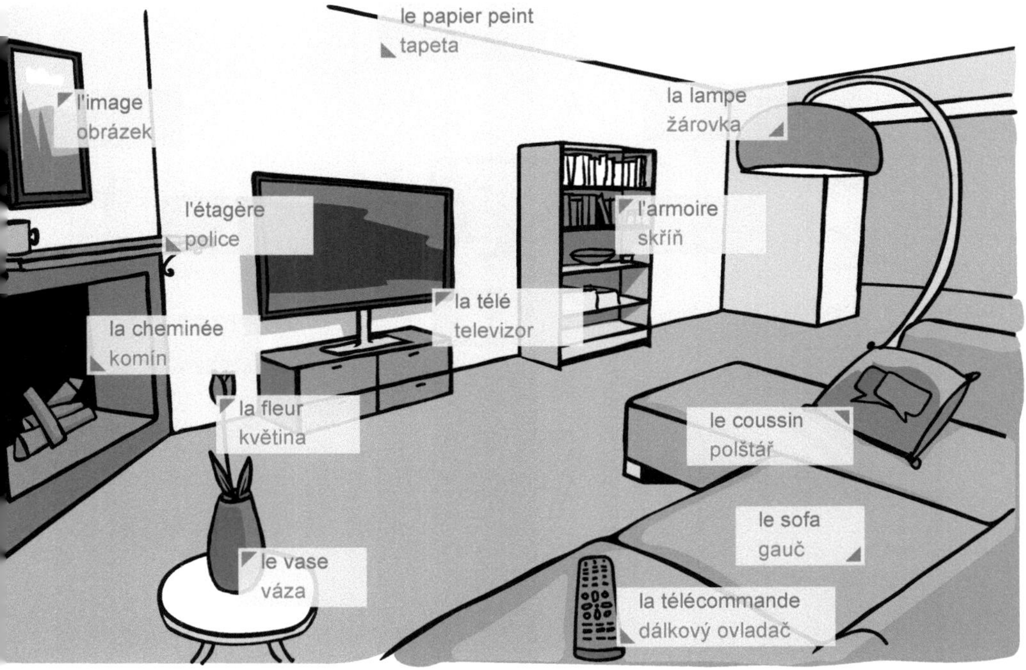

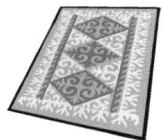

le tapis

koberec

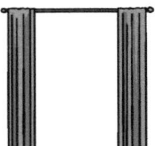

le rideau

závěs

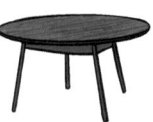

la table

stůl

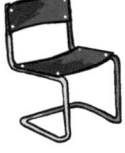

la chaise

židle

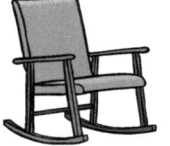

la chaise à bascule

houpací křeslo

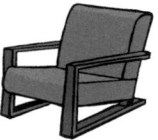

le fauteuil

křeslo

le livre

kniha

la couverture

strop

la décoration

ozdoba

le bois de chauffage

palivové dříví

le film

film

la chaîne hi-fi

stereo souprava

la clé

klíč

le journal

noviny

la peinture

malba

le poster

plakát

la radio

rádio

le bloc-notes

poznámkový blok

l'aspirateur

vysavač

le cactus

kaktus

la bougie

svíce

la cuisine
kuchyně

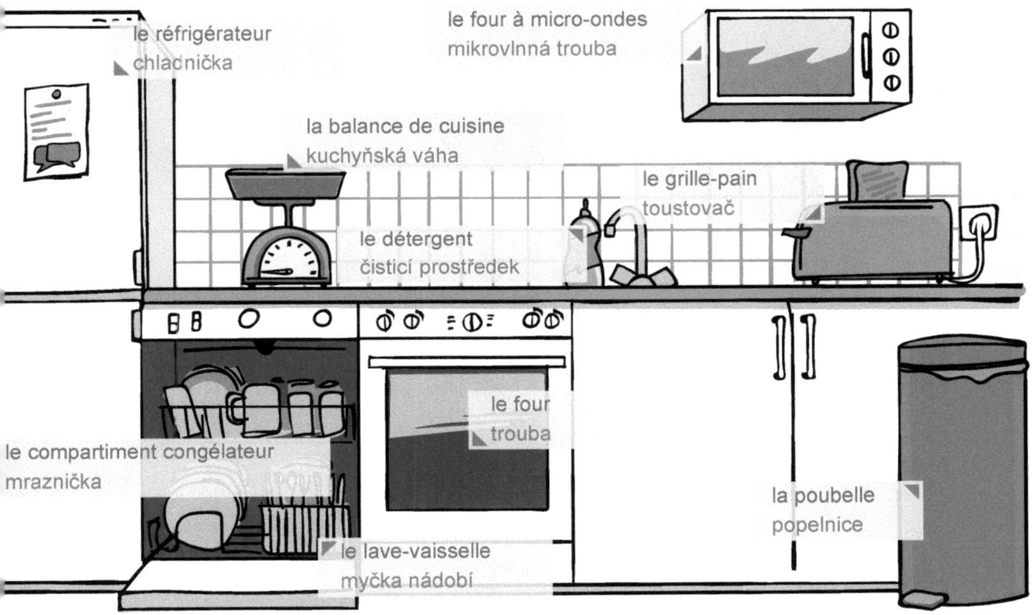

le réfrigérateur
chladnička
le four à micro-ondes
mikrovlnná trouba
la balance de cuisine
kuchyňská váha
le grille-pain
toustovač
le détergent
čisticí prostředek
le four
trouba
le compartiment congélateur
mraznička
la poubelle
popelnice
le lave-vaisselle
myčka nádobí

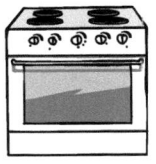

le four
sporák

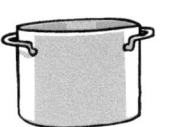

la casserole
hrnec

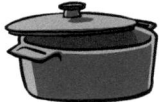

la marmite
litinový hrnec

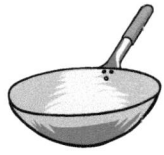

le wok / kadai
wok / kadai

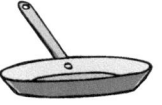

la poêle
pánev

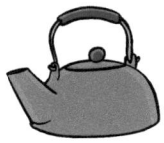

la bouilloire electrique
varná konvice

le cuiseur vapeur

parní hrnec

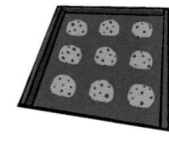

la plaque de cuisson

plech na pečení

la vaisselle

nádobí

le gobelet

hrnek

la coupe

miska

les baguettes

jídelní hůlky

la louche

naběračka

la spatule

obracečka

le fouet

metla

la passoire

síto

le tamis

cedník

la râpe

struhadlo

le mortier

hmoždíř

le barbecue

gril

la cheminée

ohniště

a planche à découper

prkénko na krájení

le rouleau à pâtisserie

váleček na těsto

le tire-bouchon

vývrtka

la boîte

dóza

l'ouvre-boîte

otvírák na konzervy

les maniques

chňapka

le lavabo

umyvadlo

la brosse

kartáč na nádobí

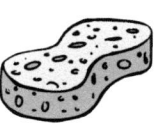

l'éponge

houba

le mixeur

mixér

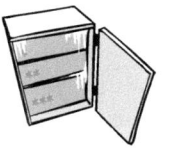

le congélateur

mrazák

le biberon

dětská lahev

le robinet

kohoutek

la salle de bain

koupelna

le chauffage
topení
la douche
sprcha
la serviette
ručník
le rideau de douche
sprchový závěs
le bain moussant
pěnová koupel
la baignoire
vana
le verre
sklenička
la machine à laver
pračka
le robinet
kohoutek
le carrelage
obkladačky
le pot
nočník
le lavabo
umyvadlo

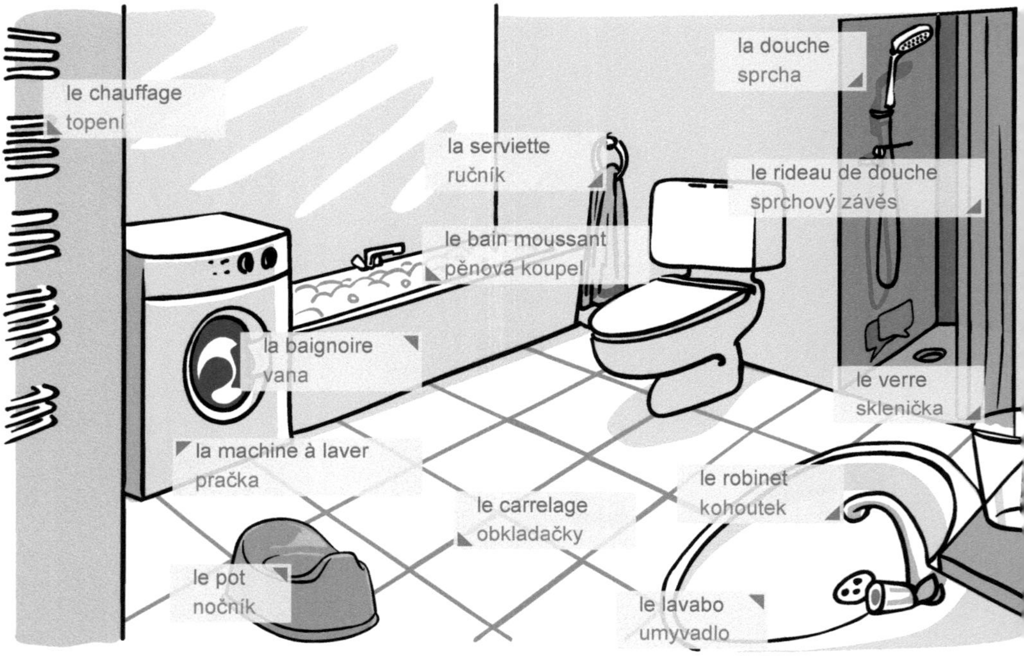

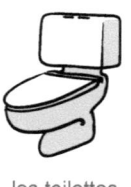

les toilettes

záchod

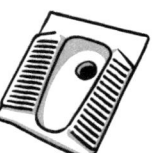

la toilette à la turque

turecký záchod

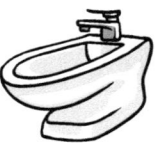

le bidet

bidet

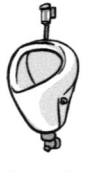

l'urinoir

pisoár

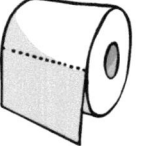

le papier toilette

toaletní papír

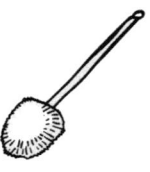

la brosse à toilette

záchodová štětka

la brosse à dents

zubní kartáček

le dentifrice

zubní pasta

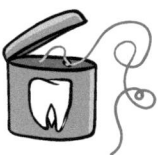

le fil dentaire

zubní niť

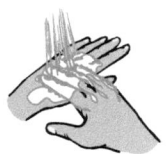

laver

mýt

la douche manuelle

ruční sprcha

la douche intime

intimní sprcha

la vasque

umyvadlo

la brosse dorsale

kartáč na záda

le savon

mýdlo

le gel douche

sprchový gel

le shampooing

šampón

le gant de toilette

žínka

l'écoulement

odpad

la crème

krém

le déodorant

deodorant

le miroir
zrcadlo

le miroir cosmétique
kosmetické zrcátko

le rasoir
holicí strojek

la mousse à raser
pěna na holení

l'après-rasage
voda po holení

la peigne
hřeben

la brosse
kartáč

le sèche-cheveux
fén

la laque pour cheveux
lak na vlasy

le fond de teint
makeup

le rouge à lèvres
rtěnka

le vernis à ongles
lak na nehty

l'ouate
vata

le coupe-ongles
nůžky na nehty

le parfum
parfém

la trousse de toilette

.a s toaletními potřebami

le tabouret

stolička

le pèse-personne

váha

le peignoir

župan

les gants de nettoyage

gumové rukavice

le tampon

tampón

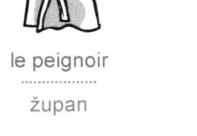

s serviettes hygiéniques

dámská vložka

la toilette chimique

chemická toaleta

la chambre d'enfant
dětský pokoj

le réveil
budík
le doudou
plyšová hračka
la voiture jouet
autíčko
le hochet
chrastítko
la maison de poupée
domeček pro panenky
le cadeau
dárek

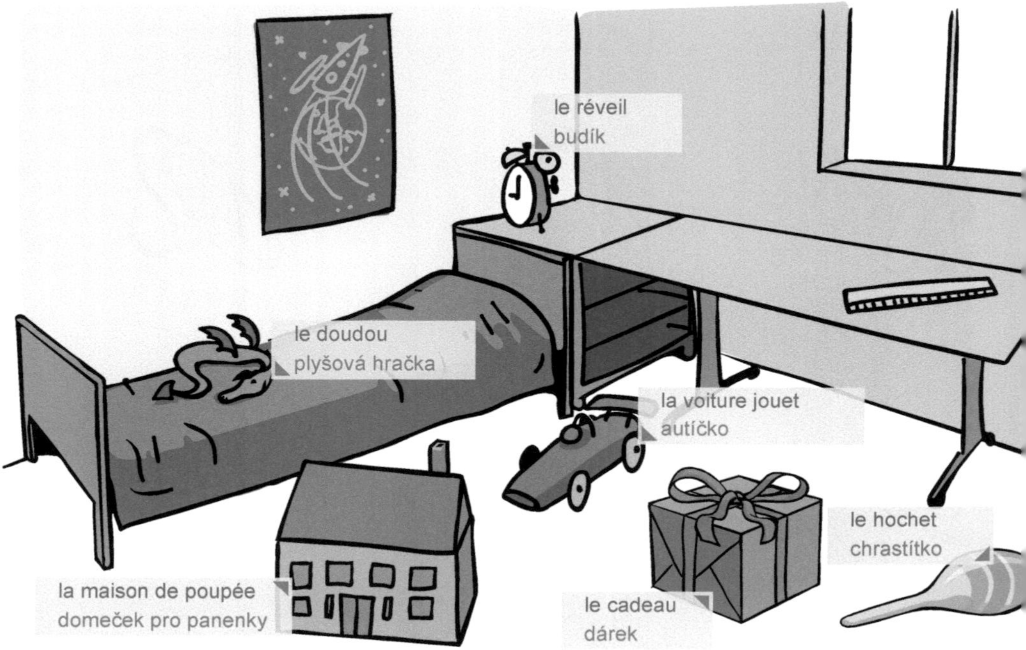

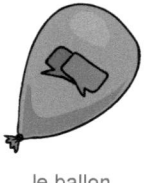

le ballon
balón

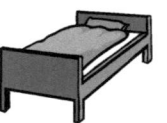

le lit
postel

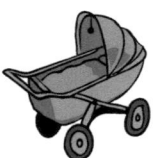

la poussette
kočárek

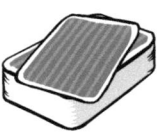

le jeu de cartes
balíček karet

le puzzle
puzzle

SUPER
MEGA

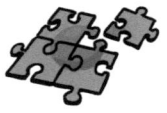

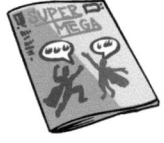

la bande dessinée
komiks

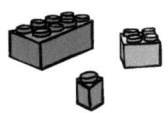

les pièces lego

lego kostky

les blocs de construction

stavebnice

la figurine

akční figurka

la grenouillère

dupačky

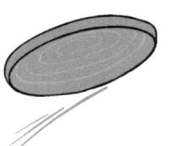

le frisbee

frisbee

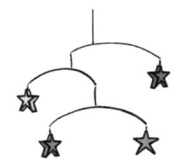

le mobile

závěsné hračky nad
postýlku

le jeu de société

desková hra

le dé

kostky

le train miniature

modelová železnice

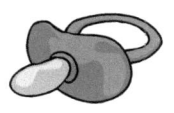

la sucette

dudlík

la fête

oslava

le livre d'images

obrázková kniha

la balle

míč

la poupée

panenka

jouer

hrát si

le bac à sable

pískoviště

la balançoire

houpačka

les jouets

hračky

la console de jeu

hrací konzole

le tricycle

tříkolka

l'ours en peluche

medvídek

l'armoire

šatník

les vêtements
oblečení

les chaussettes

ponožky

les bas

punčochy

le collant

punčochové kalhoty

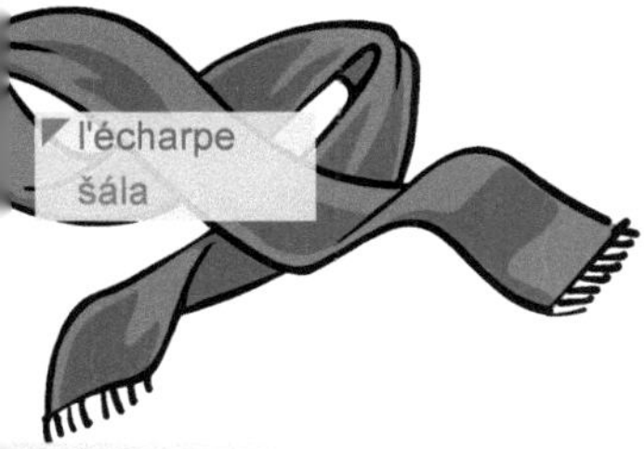

l'écharpe
šála

le parapluie
deštník

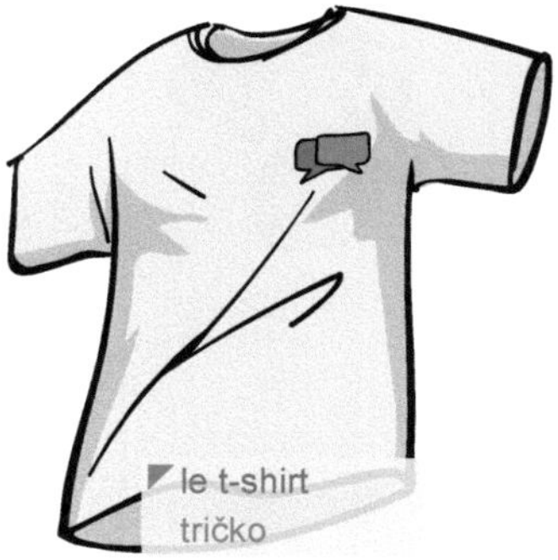

le t-shirt
tričko

la ceinture
pásek

les bottes
kozačky

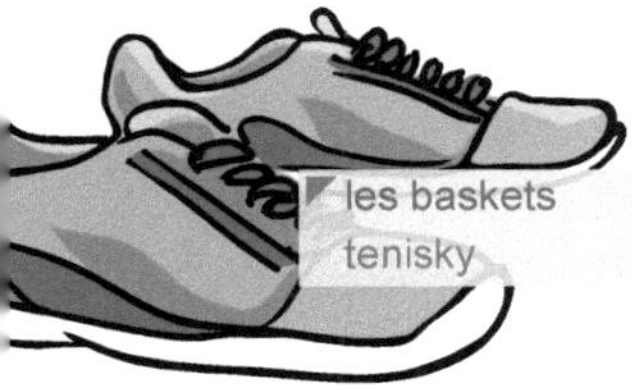

les pantoufles
domácí obuv

les baskets
tenisky

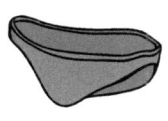

les sandales
....
sandály

les chaussures
....
obuv

les bottes de caoutchouc
....
holínky

les sous-vêtements
....
spodní prádlo

le soutien-gorge
....
podprsenka

le maillot de corps
....
nátělník

le body

body

le pantalon

kalhoty

le jean

džíny

la jupe

sukně

le chemisier

blůza

la chemise

košile

le pull

svetr

le sweat à capuche

mikina

la veste

blejzr

la veste

bunda

le manteau

kabát

l'imperméable

pláštěnka

le costume

kostým

la robe

šaty

la robe de mariée

svatební šaty

le costume

oblek

la chemise de nuit

noční košile

le pyjama

pyžamo

le sari

sárí

le foulard

šátek na hlavu

le turban

turban

la burqa

burka

le caftan

kaftan

l'abaya

abája

le maillot de bain

plavky

le maillot de bain

pánské plavky

le short

kraťasy

tenue d'entraîrement

tepláková souprava

le tablier

zástěra

les gants

rukavice

les vêtements - oblečení

le bouton

knoflík

les lunettes

brýle

le bracelet

náramek

le collier

náhrdelník

la bague

prsten

la boucle d'oreille

náušnice

le bonnet

čepice

le cintre

ramínko

le chapeau

klobouk

la cravate

kravata

la fermeture éclair

zip

le casque

helma

les bretelles

kšandy

l'uniforme scolaire

školní uniforma

l'uniforme

uniforma

le bavoir

bryndák

la sucette

dudlík

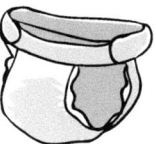

la lange

plena

le bureau
kancelář

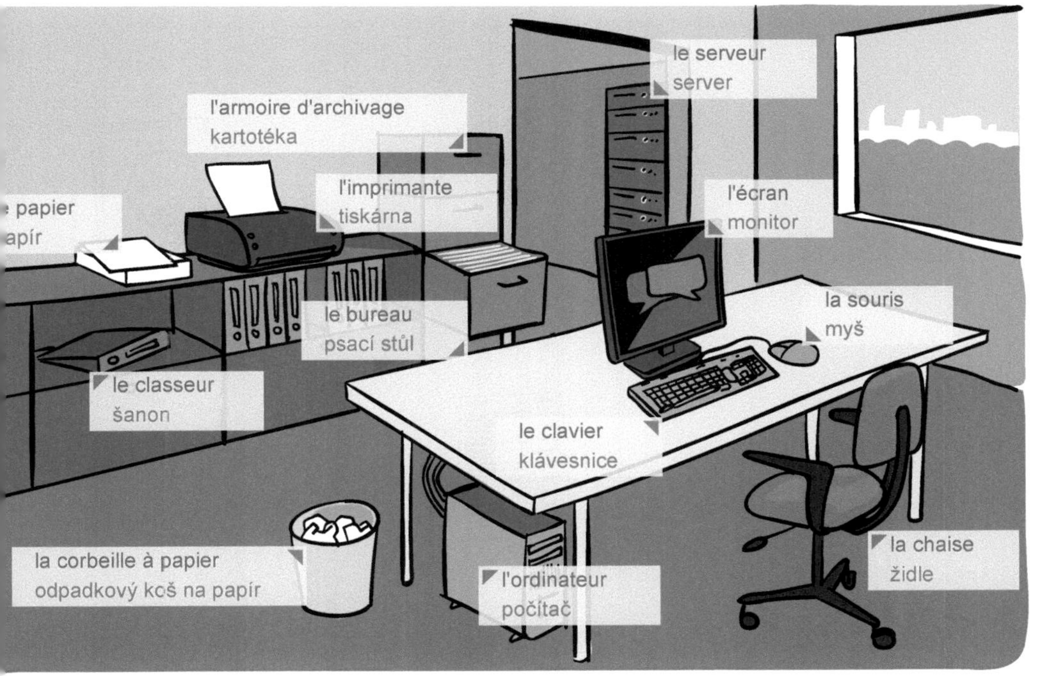

le serveur
server

l'armoire d'archivage
kartotéka

l'imprimante
tiskárna

l'écran
monitor

e papier
apír

le bureau
psací stůl

la souris
myš

le classeur
šanon

le clavier
klávesnice

la corbeille à papier
odpadkový koš na papír

l'ordinateur
počítač

la chaise
židle

la tasse de café

hrnek na kávu

la calculatrice

kalkulačka

l'internet

internet

l'ordinateur portable
notebook

la lettre
dopis

le message
zpráva

le portable
mobil

le réseau
síť

la photocopieuse
kopírka

le logiciel
software

le téléphone
telefon

la prise
zásuvka

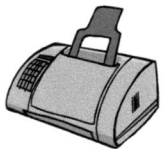

le fax
fax

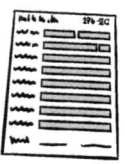

le formulaire
formulář

le document
dokument

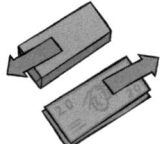

acheter

nakupovat

payer

zaplatit

faire du commerce

jednat

la monnaie

peníze

USD

le dollar

dolar

EUR

l'euro

euro

JPY

le yen

jen

RUB

le rouble

rubl

CHF

le franc suisse

frank

CNY

le renminbi yuan

juan

INR

la roupie

rupie

le distributeur automatique

bankomat

le bureau de change

směnárna

l'or

zlato

l'argent

stříbro

le pétrole

olej

l'énergie

energie

le prix

cena

le contrat

smlouva

la taxe

daň

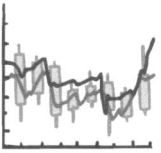

l'action

akcie

travailler

pracovat

l'employé

zaměstnanec

l'employeur

zaměstnavatel

l'usine

továrna

le magasin

obchod

les professions
povolání

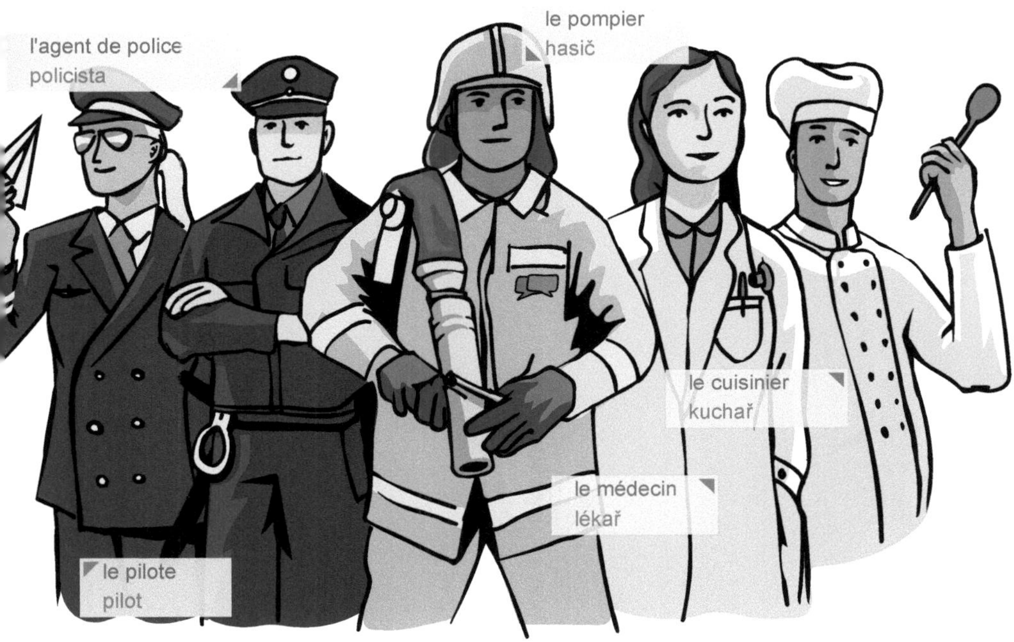
l'agent de police
policista
le pompier
hasič
le cuisinier
kuchař
le médecin
lékař
le pilote
pilot

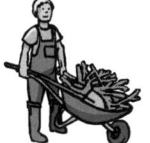

le jardinier

zahradník

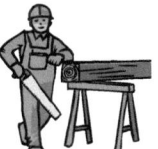

le menuisier

truhlář

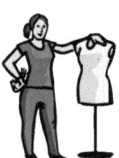

la couturière

švadlena

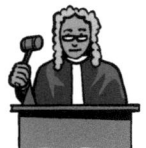

le juge

soudce

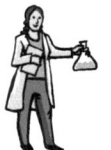

le chimiste

chemik

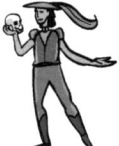

l'acteur

herec

le conducteur de bus

řidič autobusu

le chauffeur de taxi

řidič taxi

le pêcheur

rybář

la femme de ménage

uklízečka

le couvreur

pokrývač

le serveur

číšník

le chasseur

myslivec

le peintre

malíř

le boulanger

pekař

l'électricien

elektrikář

l'ouvrier

stavební dělník

l'ingénieur

inženýr

le boucher

řezník

le plombier

klempíř

le facteur

listonoš

le soldat

voják

l'architecte

architekt

le caissier

pokladní

le fleuriste

florista

le coiffeur

kadeřník

le contrôleur

průvodčí

le mécanicien

mechanik

le capitaine

kapitán

le dentiste

zubař

le scientifique

vědec

le rabbin

rabín

l'imam

imám

le moine

mnich

le prêtre

duchovní

les outils
nářadí

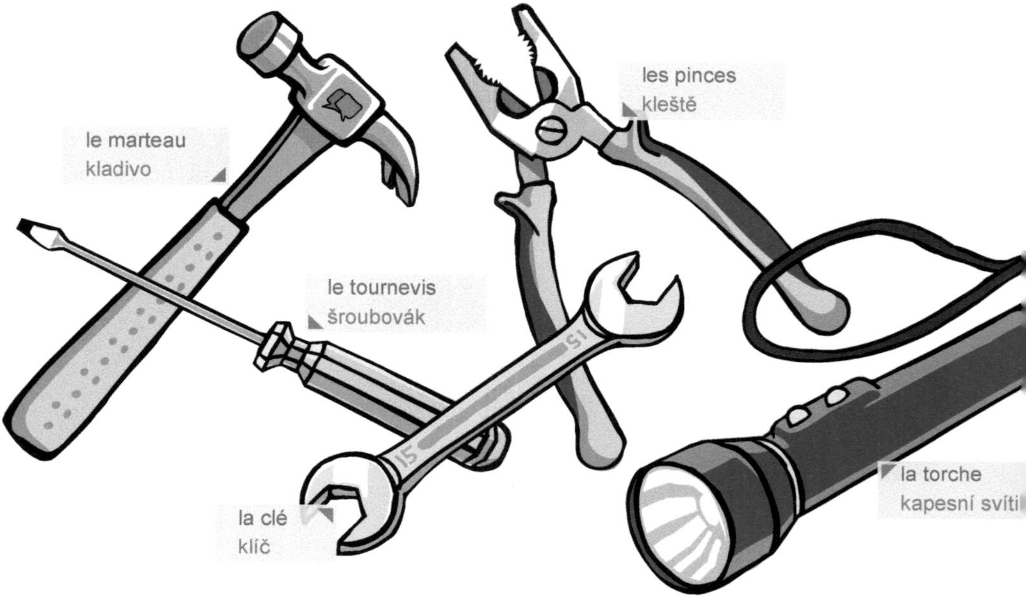

le marteau
kladivo

les pinces
kleště

le tournevis
šroubovák

la torche
kapesní svítil

la clé
klíč

la pelleteuse

bagr

la boîte à outils

skříň na nářadí

l'échelle

žebřík

la scie

pila

les clous

hřebíky

la perceuse

vrtačka

réparer
opravit

la pelle
lopata

Mince !
Kurva!

la pelle
lopatka

le pot de peinture
vĕdroé na barvu

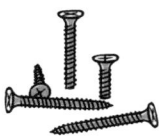

les vis
šrouby

les instruments de musique
hudební nástroje

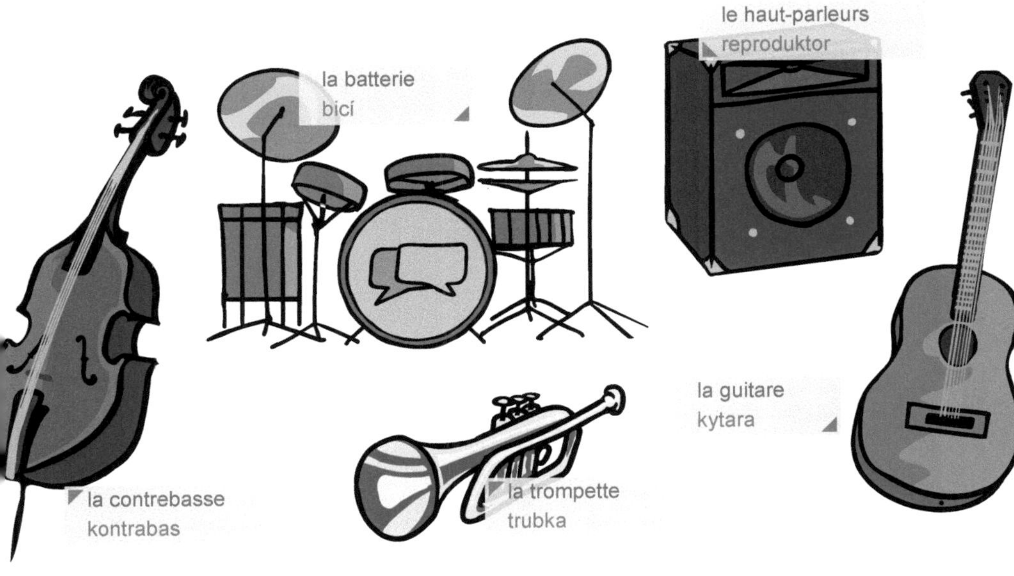

le haut-parleurs
reproduktor

la batterie
bicí

la guitare
kytara

la contrebasse
kontrabas

la trompette
trubka

le piano

klavír

le violon

housle

la basse

basa

les timbales

tympán

le tambour

bubny

le piano électrique

keyboard

le saxophone

saxofon

la flûte

flétna

le microphone

mikrofon

le zoo

zoo

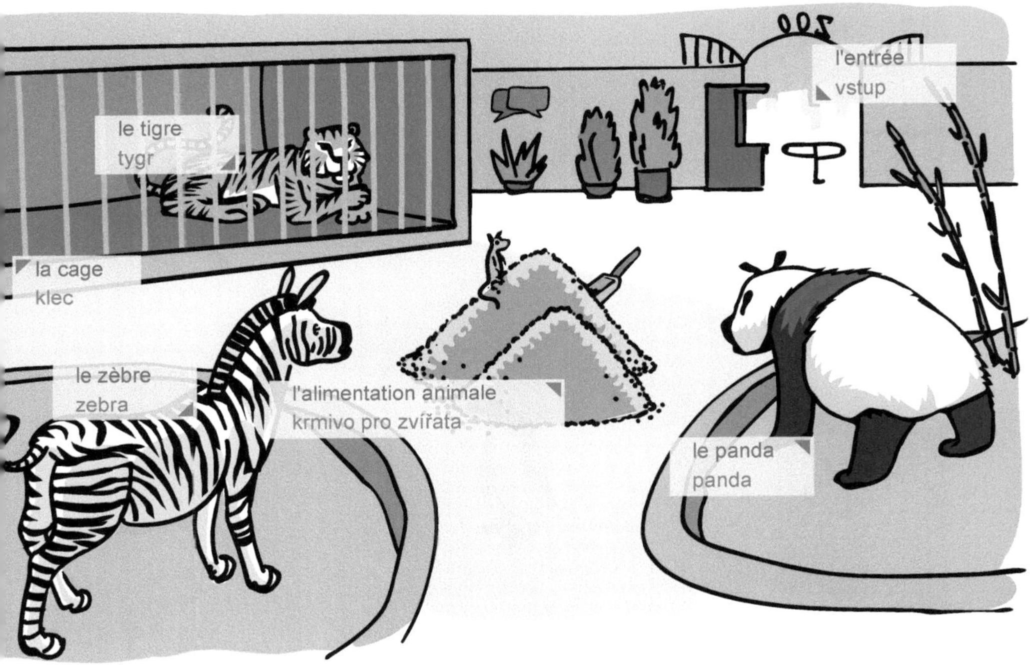
l'entrée
vstup
le tigre
tygr
la cage
klec
le zèbre
zebra
l'alimentation animale
krmivo pro zvířata
le panda
panda

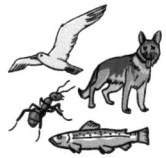

les animaux

zvířata

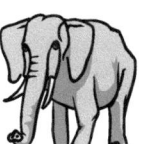

l'éléphant

slon

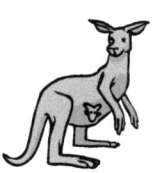

le kangourou

klokan

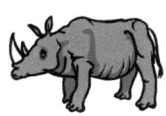

le rhinocéros

nosorožec

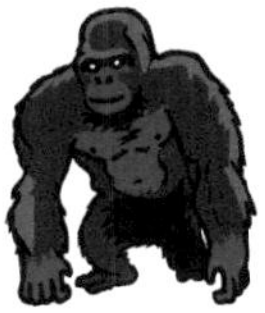

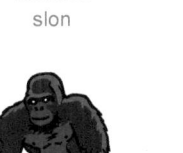

le gorille

gorila

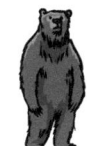

l'ours

medvěd

le chameau

velbloud

l'autruche

pštros

le lion

lev

le singe

opice

le flamand rose

plameňák

le perroquet

papoušek

l'ours polaire

lední medvěd

le pingouin

tučňák

le requin

žralok

le paon

páv

le serpent

had

le crocodile

krokodýl

le gardien de zoo

ošetřovatel zvířat

le phoque

tuleň

le jaguar

jaguár

le poney

poník

le léopard

leopard

l'hippopotame

hroch

la girafe

žirafa

l'aigle

orel

le sanglier

divoké prase

le poisson

ryby

la tortue

želva

le morse

mrož

le renard

liška

la gazelle

gazela

l'american Football
americký fotbal

le cyclisme
cyklistika

le tennis
tenis

le basket-ball
košíková

la natation
plavání

la boxe
box

le hockey sur glace
lední hokej

le football
kopaná

le badminton
badminton

l'athlétisme
lehká atletika

le handball
házená

le ski
běh na lyžích

le polo
vodní pólo

les activités
aktivity

sauter
skočit
embrasser
objímat
rire
smát se
marcher
jít
chanter
zpívat
rêver
snít
prier
modlit se
faire la bise
políbit

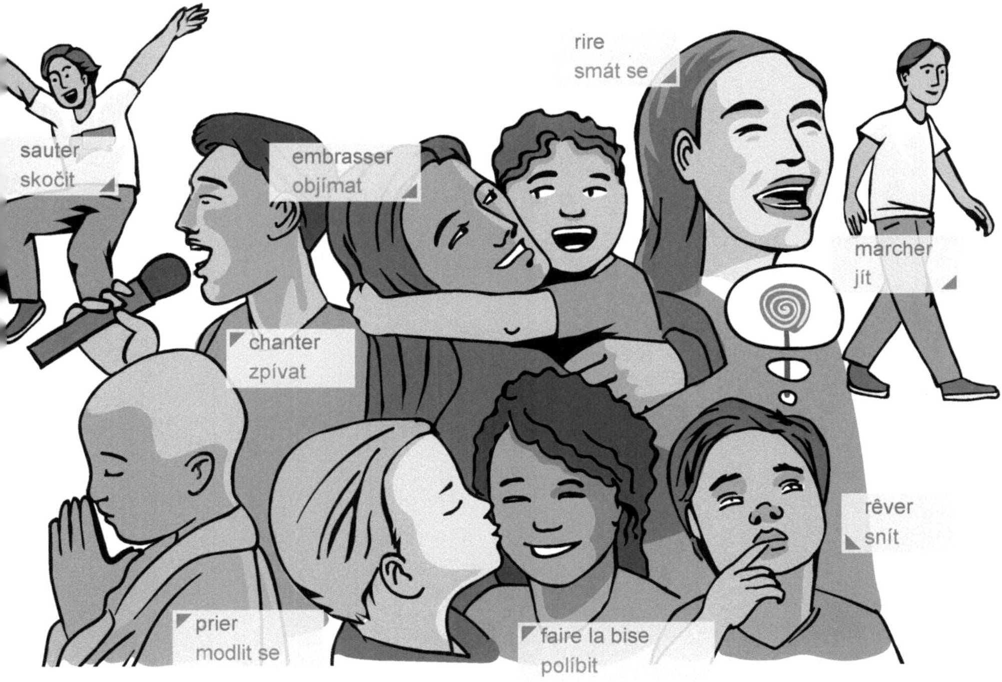

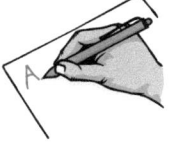

écrire

psát

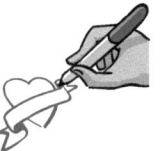

dessiner

kreslit

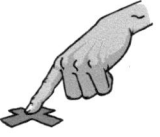

montrer

ukazovat

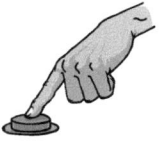

pousser

tlačit

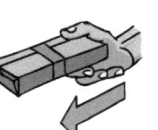

donner

dát

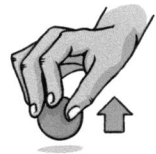

prendre

vzít si

avoir
mít

faire
dělat

être
být

être debout
stát

courir
běhat

trier
táhnout

jeter
hodit

tomber
padat

être couché
ležet

attendre
čekat

porter
nosit

être assis
sedět

s'habiller
oblékat

dormir
spát

se réveiller
vzbudit se

regarder

prohlédnout si

pleurer

plakat

caresser

pohladit

peigner

česat

parler

hovořit

comprendre

rozumět

demander

ptát se

écouter

slyšet

boire

pít

manger

jíst

ranger

uklidit

aimer

milovat

cuire

vařit

conduire

jet

voler

letět

les activités - aktivity

faire de la voile

plachtit

calculer

počítat

lire

číst

apprendre

učit se

travailler

pracovat

se marier

vzít si

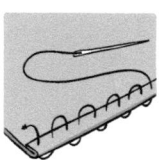

coudre

šít

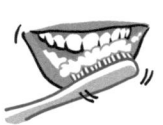

brosser les dents

čistit si zuby

tuer

zabít

fumer

kouřit

envoyer

poslat

'and-mère
čka

le grand-père
dědeček

le père
otec

la mère
matka

le bébé
dítě

la fille
dcera

le fils
syn

l'hôte
host

la tante
teta

l'oncle
strýc

le frère
bratr

la sœur
sestra

la famille - rodina

67

le corps
tělo

le front
čelo
l'œil
oko
l'épaule
rameno
le doigt
prst
le visage
obličej
le menton
brada
la main
ruka
la jambe
dolní končetina
la poitrine
hruď
le bras
paže

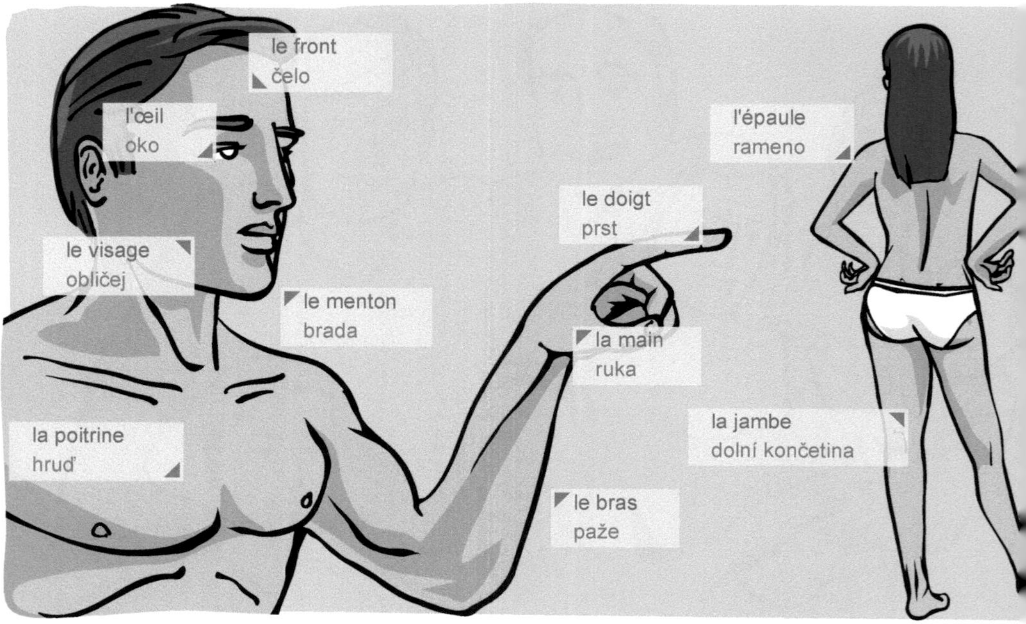

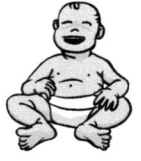

le bébé
dítě

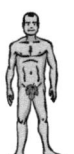

l'homme
muž

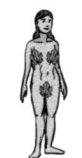

la femme
žena

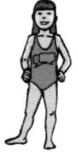

la fille
dívka

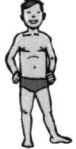

le garçon
chlapec

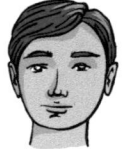

la tête
hlava

le dos

záda

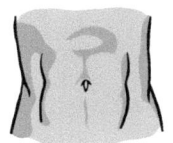

le ventre

břicho

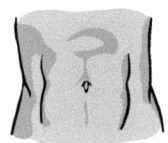

le nombril

pupík

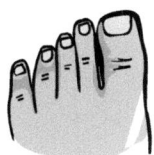

l'orteil

prst na noze

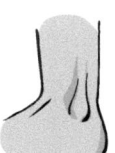

le talon

pata

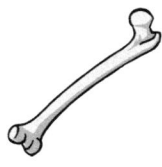

l'os

kost

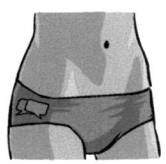

la hanche

bok

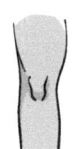

le genou

koleno

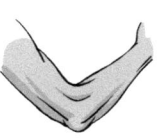

le coude

loket

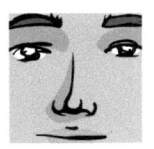

le nez

nos

les fesses

zadek

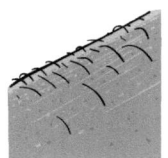

la peau

kůže

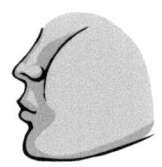

la joue

tvář

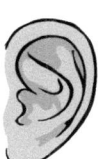

l'oreille

ucho

la lèvre

ret

la bouche

ústa

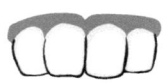

la dent

zub

la langue

jazyk

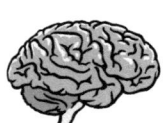

le cerveau

mozek

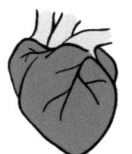

le cœur

srdce

le muscle

sval

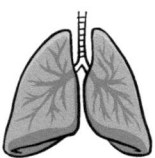

les poumons

plíce

le foie

játra

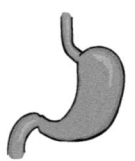

l'estomac

žaludek

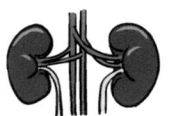

les reins

ledviny

le rapport sexuel

pohlavní styk

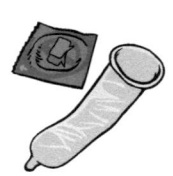

le préservatif

kondom

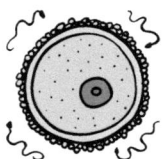

l'ovule

vajíčko

le sperme

sperma

la grossesse

těhotenství

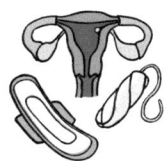

la menstruation

menstruace

le vagin

vagina

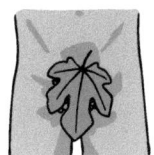

le pénis

penis

le sourcil

obočí

les cheveux

vlasy

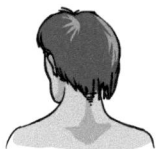

le cou

krk

l'hôpital
nemocnice

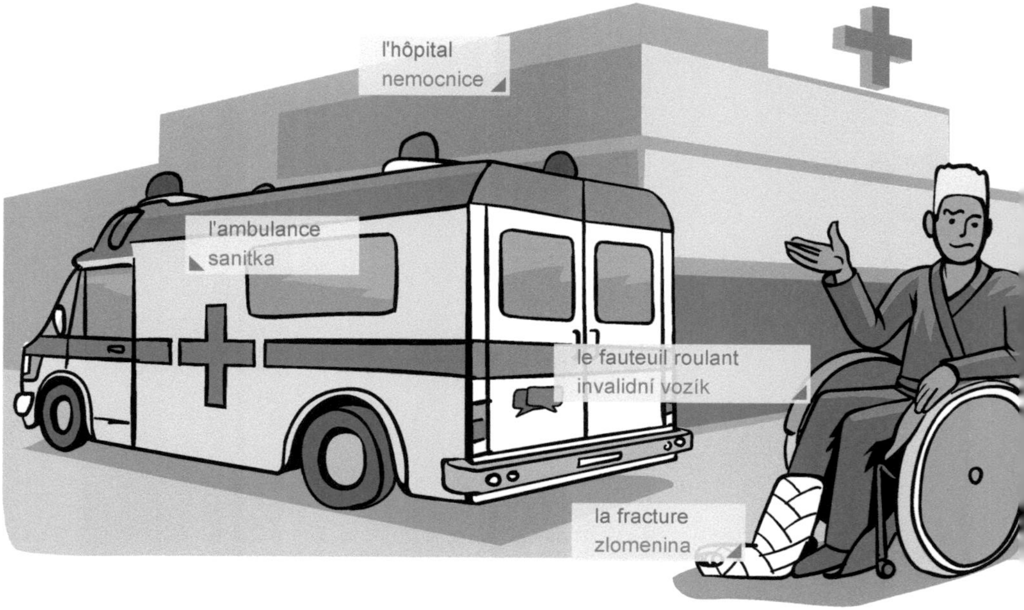

l'hôpital
nemocnice
l'ambulance
sanitka
le fauteuil roulant
invalidní vozík
la fracture
zlomenina

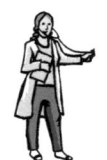

le médecin

lékař

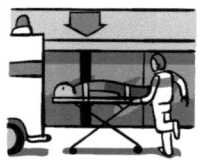

le service des urgences

pohotovost

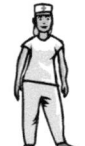

l'infirmière

zdravotní sestra

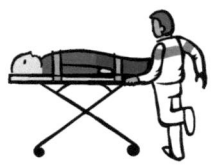

l'urgence

urgentní případ

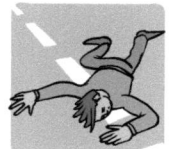

inconscient

v bezvědomí

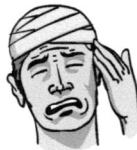

la douleur

bolest

la blessure

úraz

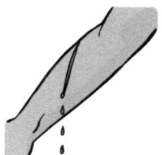

l'hémorragie

krvácení

la crise cardiaque

infarkt myokardu

l'attaque cérébrale

évní mozková příhoda

l'allergie

alergie

la toux

kašel

la fièvre

horečka

la grippe

chřipka

la diarrhée

průjem

le mal de tête

bolest hlavy

le cancer

rakovina

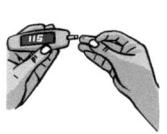

le diabète

cukrovka

le chirurgien

chirurg

le scalpel

skalpel

l'opération

operace

l'hôpital - nemocnice

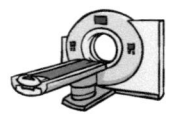

le CT

CT

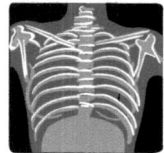

la radiographie

rentgen

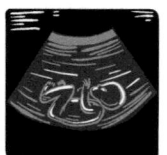

l'échographie

ultrazvuk

le masque

maska

la maladie

nemoc

la salle d'attente

čekárna

la béquille

berle

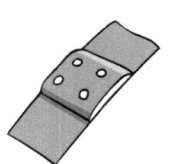

le pansement

náplast

le pansement

obvaz

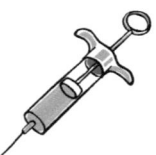

l'injection

injekce

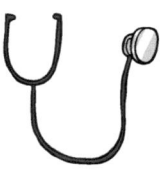

le stéthoscope

stetoskop

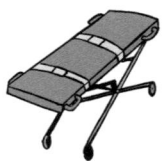

le brancard

nosítka

le thermomètre

teploměr

l'accouchement

porod

la surcharge pondérale

nadváha

l'appareil auditif

naslouchátko

le désinfectant

dezinfekční prostředek

l'infection

infekce

le virus

virus

le VIH / le sida

HIV / AIDS

le médicament

lékařství

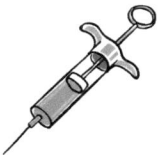

la vaccination

očkování

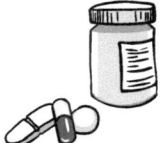

les comprimés

tablety

la pilule

pilulka

l'appel d'urgence

tísňové volání

le tensiomètre

tonometr

malade / sain

nemocný / zdravý

Au secours !

Pomoc!

l'alarme

poplach

l'assaut

přepadení

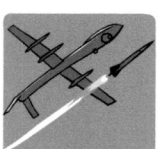

l'attaque

napadení

le danger

nebezpečí

la sortie de secours

nouzový východ

Au feu!

Hoří!

l'extincteur

hasicí přístroj

l'accident

nehoda

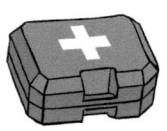

la trousse de premier
secours

zdravotnická brašna

SOS

SOS

la police

policie

l'Europe

Evropa

l'Amérique du Nord

Severní Amerika

l'Amérique du Sud

Jižní Amerika

l'Afrique

Afrika

l'Asie

Asie

l'Australie

Austrálie

l'Océan atlantique

Atlantik

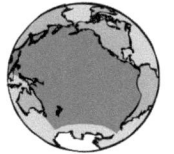

l'Océan pacifique

Pacifik

l'Océan indien

Indický oceán

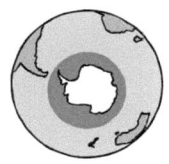

l'Océan antarctique

Jižní ledový oceán

l'Océan arctique

Severní ledový oceán

le Pôle nord

severní pól

le Pôle sud

jižní pól

l'Antarctique

Antarktida

la terre

země

le pays

pevnina

la mer

moře

l'île

ostrov

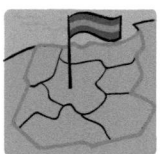

la nation

národ

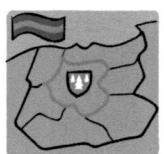

l'état

stát

le cadran

ciferník

l'aiguille des heures

hodinová ručička

l'aiguille des minutes

minutová ručička

aiguille des secondes

vteřinová ručička

Quelle heure est-il ?

Kolik je hodin?

le jour

den

le temps

čas

maintenant

teď

la montre digitale

digitální hodinky

la minute

minuta

l'heure

hodina

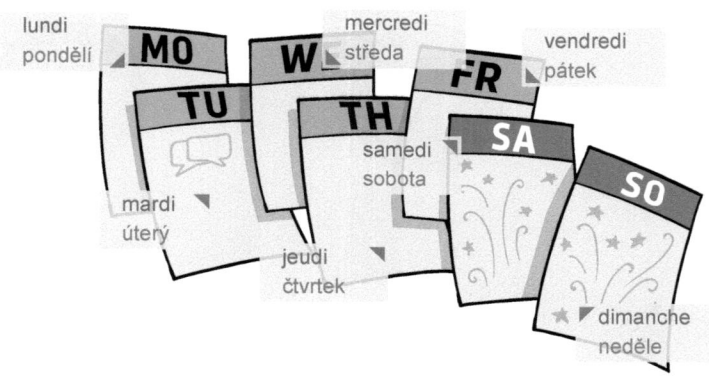

lundi
pondělí — **MO**

TU

mardi
úterý

mercredi
středa — **W**

TH

jeudi
čtvrtek

vendredi
pátek — **FR**

SA

samedi
sobota

SO

dimanche
neděle

hier

včera

aujourd'hui

dnes

demain

zítra

le matin

ráno

le midi

poledne

le soir

večer

les jours ouvrables

pracovní dny

le week-end

víkend

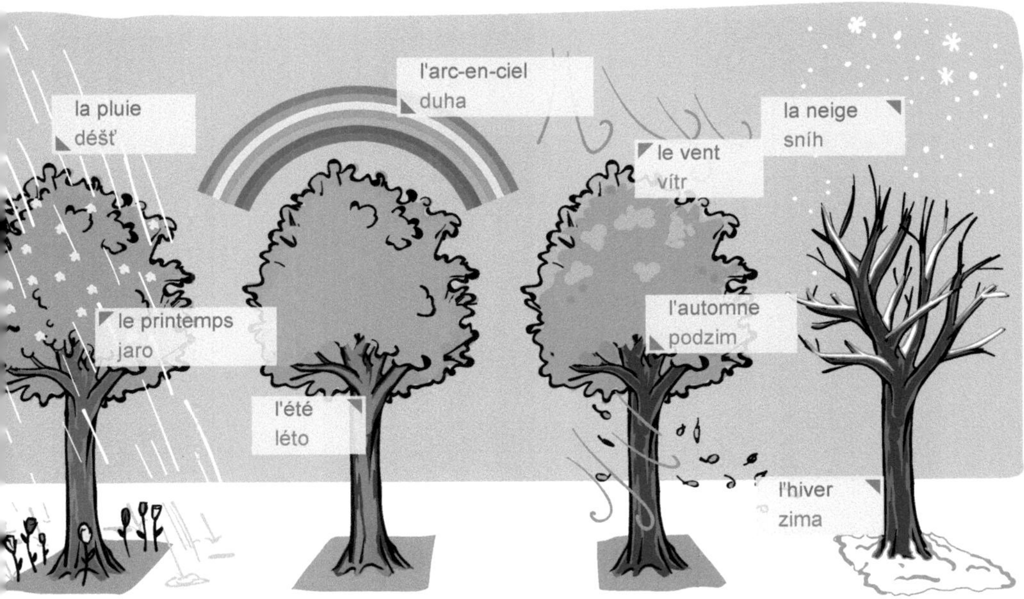

la pluie
déšť
l'arc-en-ciel
duha
la neige
sníh
le vent
vítr
le printemps
jaro
l'été
léto
l'automne
podzim
l'hiver
zima

4.APRIL 11°
5.APRIL 4°
6.APRIL 13°
7.APRIL 8°
8.APRIL 10°
la météo
....
předpověď počasí

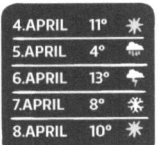

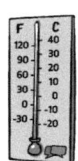

F
C
120
90
60
30
0
-30
40
30
20
10
0
-10
-20
le thermomètre
....
teploměr

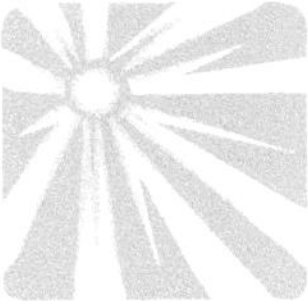

la lumière du soleil
....
sluneční svit

le nuage
....
mrak

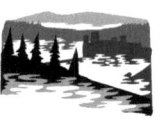

le brouillard
....
mlha

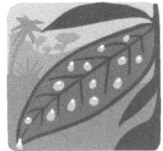

l'humidité
....
vlhkost

la foudre

blesk

la tonnerre

hrom

la tempête

bourka

la grêle

kroupy

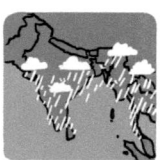

la mousson

monzun

l'inondation

povodeň

la glace

led

janvier

leden

février

únor

mars

březen

avril

duben

mai

květen

juin

červen

juillet

červenec

août

srpen

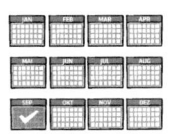

septembre

září

octobre

říjen

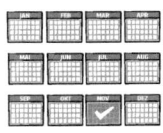

novembre

listopad

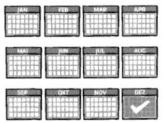

décembre

prosinec

les formes
tvary

le cercle

kruh

le carré

čtverec

le rectangle

obdélník

le triangle

trojúhelník

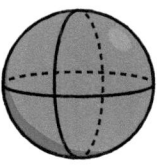

la sphère

koule

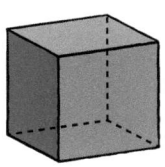

le cube

krychle

blanc

bílá

jaune

žlutá

orange

oranžová

rose

růžová

rouge

červená

violet

fialová

bleu

modrá

vert

zelená

marron

hnědá

gris

šedá

noir

černá

beaucoup / peu
....
hodně / málo

fâché / calme
....
rozzuřený / mírumilovný

joli / laid
....
krásný / ošklivý

le début / la fin
....
začátek / konec

grand / petit
....
velký / malý

clair / obscure
....
světlý / tmavý

frère / soeur
....
bratr / sestra

propre / sale
....
čistý / špinavý

complet / incomplet
....
úplný / neúplný

le jour / la nuit
....
den / noc

mort / vivant
....
mrtvý / živý

large / étroit
....
široký / úzký

comestible / incomestible

jedlý / nejedlý

méchant / gentil

zlý / hodný

excité / ennuyé

vzrušený / znuděný

gros / mince

tlustý / hubený

le premier / le dernier

nejdříve / naposledy

l'ami / l'ennemi

přítel / nepřítel

plein / vide

plný / prázdný

dur / souple

tvrdý / měkký

lourd / léger

těžký / lehký

faim / soif

hlad / žízeň

malade / sain

nemocný / zdravý

illégal / légal

ilegální / legální

intelligent / stupide

inteligentní / hloupý

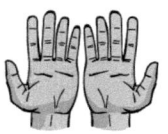

gauche / droite

vlevo / vpravo

proche / loin

blízko / daleko

les oppositions - protiklady

nouveau / usé

nový / použitý

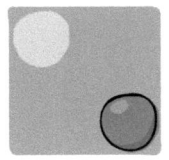

rien / quelque chose

nic / něco

vieux / jeune

starý / mladý

marche / arrêt

zapnutý / vypnutý

ouvert / fermé

otevřeno / zavřeno

faible / fort

tichý / hlasitý

riche / pauvre

bohatý / chudý

correct / incorrect

správný / špatný

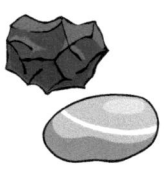

rugueux / lisse

drsný / hladký

triste / heureux

smutný / šťastný

court / long

krátký / dlouhý

lent / rapide

pomalý / rychlý

mouillé / sec

vlhký / suchý

chaud / froid

teplý / chladný

la guerre / la paix

válka / mír

les oppositions - protiklady

les nombres

čísla

0

zéro

nula

1

un / une

jedna

2

deux

dva

3

trois

tři

4

quatre

čtyři

5

cinq

pět

6

six

šest

7

sept

sedm

8

huit

osm

9

neuf

devět

10

dix

deset

11

onze

jedenáct

12

douze

dvanáct

13

treize

třináct

14

quatorze

čtrnáct

15

quinze

patnáct

16

seize

šestnáct

17

dix-sept

sedmnáct

18

dix-huit

osmnáct

19

dix-neuf

devatenáct

20

vingt

dvacet

100

cent

sto

1.000

mille

tisíc

1.000.000

le million

milion

les nombres - čísla

l'anglais

angličtina

l'anglais américain

americká angličtina

le chinois mandarin

standardní čínština

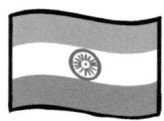

le hindi

hindština

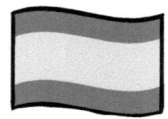

l'espagnol

španělština

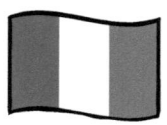

le français

francouzština

l'arabe

arabština

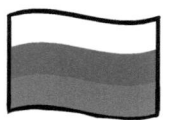

le russe

ruština

le portugais

portugalština

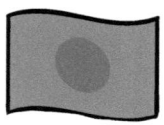

le bengali

bengálština

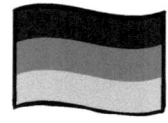

l'allemand

němčina

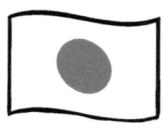

le japonais

japonština

je
....
já

tu
....
ty

il / elle / ce, c', cela
....
on / ona / ono

nous
....
my

vous
....
vy

ils / elles
....
oni

Qui ?
....
Kdo?

Quoi ?
....
Co?

Comment ?
....
Jak?

Où ?
....
Kde?

Quand ?
....
Kdy?

HELLO, I AM

le nom
....
jméno

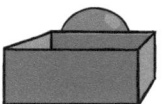

derrière
....
za

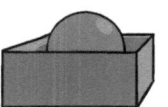

dans
....
do

devant
....
z

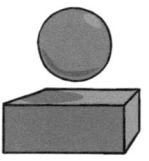

au-dessus
....
nad

sur
....
na

en-dessous
....
mezi

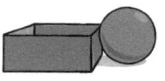

à côté de
....
vedle

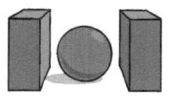

entre
....
mezi

le lieu
....
místo